LOS VERSOS DE CORDELIA

102

LOS VERSOS DE CORDELIA

El Coraje

Primera edición en LOS VERSOS DE CORDELIA, septiembre de 2025

Edita: Reino de Cordelia
www.reinodecordelia.es
X ◙ @reinodecordelia ⬛ facebook.com/reinodecordelia
▶ www.youtube.com/c/ReinodeCordelia01

El papel utilizado para la impresión de este libro, fabricado a partir de madera procedente de bosques y plantaciones sostenibles, es cien por cien libre de cloro y está calificado como papel reciclable

Cubierta: Detalle de *El rapto de las Sabinas* (1799), de Jacques-Louis David

IBIC: DCF | Thema: DCF
ISBN: 979-13-87599-17-1
Depósito legal: M-18531-2025

Diseño y maquetación: Jesús Egido
Corrección de pruebas: María Robledano

Imprime: Técnica Digital Press
Impreso en la Unión Europea
Printed in E. U.
Encuadernación: Felipe Méndez

El Coraje

José Luis Pérez Pastor

Índice

Prólogo, por Luis Alberto de Cuenca　13

EL CORAJE　21

Las Termópilas (480 a.C.)　23

Gaugamela (331 a.C.)　25

Aníbal en Cannas (216 a.C.)　29

Teutoburgo (9 d.C.)　31

Covadonga (722)　33

Stamford Bridge (1066)　35

El asedio de Béziers (1209)　39

La caída de Constantinopla (1453)　41

La noche triste (1520)　45

Alcazarquivir (1578)　47

El milagro de Empel (1585)　49

Blas de Lezo en Cartagena de Indias (1741)　51

Napoleón en la nieve (1812)　53

Davy Crockett en El Álamo (1836)　57

Little Bighorn (1876)   59

Rorke's Drift (1879)   61

El almirante Cervera sale
de la bahía de Santiago (1898)   63

Baler (1898)   67

La tregua de Navidad (1914)   69

El Somme (1916)   71

Dunkerque (1940)   73

La batalla de Inglaterra (1940)   75

Normandía (1944)   77

Los botones perdidos   81

[Notas históricas]   83

Prólogo

Luis Alberto de Cuenca
Real Academia de la Historia

EL CORAJE. ¿Puede haber un título mejor para un libro de versos que se atreve a celebrar la épica en un mundo como el nuestro, en el que los héroes están prohibidos por la *political correctness*? Son veinticinco las acciones de guerra evocadas en *El coraje*, desde la gesta de la Termópilas hasta el desembarco en Normandía. Las veinticinco aparecen al final del libro ilustradas con un pequeño y bien urdido comentario histórico, con objeto de refrescar la memoria de cada episodio bélico abordado en el tomo. Todo ello hace del poemario de José Luis Pérez Pastor (Logroño, 1978) un libro enormemente grato y divertido de leer, lo cual es una rareza que se agradece cuando hablamos de poesía española última.

Cuentan que John Milius, guionista de *Apocalypse Now* (1979), discutió amargamente con el director y coguionista de la cinta, el pretencioso Francis Ford Coppola, echándole en cara que hubiese convertido el mensaje de la película en un alegato contra la guerra. Eso contradecía la opinión de Milius al respecto, que pensaba que convertir la plomiza *nouvelle* de Conrad *El corazón de las tinieblas* en un alegato contra la guerra era una tontería, y que no creía en alegatos fílmicos contra hechos inevitables, como la guerra o como la lluvia.

Para muchas personas, entre las que me cuento, celebrar la valentía y el coraje es un guiño de complicidad con aquello que hay en los hombres más próximo a los dioses. Quienes tenemos entre nuestros libros de cabecera el *opus magnum* del general británico J. F. C. Fuller, *Decisive Battles* (Nueva York, 1940), sabemos muy bien que ni una sola de esas batallas dejó de imprimir una huella relevante en la historia de la humanidad. Ahora es José Luis Pérez Pastor quien avala la importancia de la guerra, repartida en miles de batallas a lo largo de los siglos. Y lo hace desde la poesía, una poesía radicalmente original por su temática y poco habitual en los talleres donde se forjan los poemas del siglo XXI.

Pérez Pastor es profesor de Literatura, político y escritor. Ninguno de los géneros literarios le es ajeno. Es uno de esos impenitentes lectores a los que un profundo conocimiento de la materia literaria ha llevado a cambiar el escalpelo crítico por la palma creativa. Su campo de trabajo filológico se ha centrado en el estudio de la tradición clásica en las letras españolas y en la obra del riojano Esteban Manuel de Villegas, sobre el que ha desplegado sus saberes ecdóticos. Es autor de varios libros de poesía. Ha hecho incursiones en el teatro y en el cuento. Hoy la benemérita colección de poesía de Reino de Cordelia se honra acogiendo en su catálogo su libro de versos *El coraje*, donde nos habla de algunos de los hechos de armas más significativos de la historia universal con voz vibrante, clara y verdadera.

Madrid, 1 de febrero de 2025

para Patricia Pérez Matute,
en la misma trinchera

Detalle del cuadro de 1870
La batalla de Stamford Bridge,
de Peter Nicolai Arbo.

El coraje

Hay un árbol aún, cerca de Trípoli,
bajo el que un centurión, ya descansado,
recordó a su familia, tan lejana,
y luego corrió presto a formar filas.

Hay un rincón anodino de Francia
en el que dos jóvenes compartieron
un triste cigarrillo en la trinchera
antes de que el silbato los llamase.

Hay un cerro agreste en Afganistán
en el que una valiente compañía
con dos heridos, en torno a una bengala,
truncó los planes tercos de la muerte.

Son lugares clavados en el tiempo,
que discurren y —muchas veces— callan.
En todos ellos retembló el peligro
y ardió la recia llama del coraje.

Las Termópilas (480 a.C.)

Cuando el heraldo dijo que sus flechas
cubrirían el sol, nos alegramos:
así lucharíamos a la sombra.

Cuando los persas, antes del combate,
exigieron la entrega de las armas
dijimos que viniesen a cogerlas.

Cuando un vigía avisó desde lo alto
que Efialtes nos había vendido,
despedimos las tropas auxiliares.

Decidimos plantarnos en la Historia
y después desayunar copiosamente
pues la cena sería en el infierno.

La ley de Esparta manda que caigamos,
que hagamos de la muerte una victoria,
que sea por honor esta batalla.

No importa el feroz coste de este paso,
aunque enviuden aquí nuestras esposas,
aunque sea salvar a un ateniense.

Gaugamela (331 a.C.)

Ya zumban las cuchillas de las ruedas
de los carros falcados de Darío.
Cortan el aire seco de este llano
y buscan triturar nuestra falange.

Ya viene la salvaje infantería
de mil reinos lejanos bajo el yugo
de sátrapas serviles. Toda Persia
blande un arma feroz contra nosotros.

Nosotros esperamos firmemente
con un bosque afilado de sarisas.
Sabemos lo que hacer, cuándo apartarnos
o cuándo mantener el frente unido.

Aguantamos solemnes el encuentro
de orilla y oleada de soldados,
la danza de las picas, los escudos
y los cortes opuestos y los gritos.

De pronto, emerge con sus compañeros
por un flanco, y a lomos de Bucéfalo,
el hijo de Filipo, reluciente.
Cabalga con el sol junto a su casco.

Galopan como un trueno hacia el oeste
en busca de una brecha en la defensa,
hacia el rey de los persas y llevarlo
a rendir sus pendones o a la huida.

Hoy sangraremos, pero ya mañana
seguiremos sus pasos macedonios
allá donde nos lleve su osadía,
hasta el fin de la tierra si hace falta.

El día será nuestro como en tantas
ocasiones fue nuestra la marea
del Egeo. Cada uno de nosotros
también es Alejandro hacia el Olimpo.

Aníbal en Cannas (216 a.C.)

DESPUÉS DE VER morir a un elefante
muy lejos de su tierra soleada
en medio de las ásperas montañas
que protegen Italia por el norte;

después de tanto errar por suelo extraño
durante dos cosechas sin cosecha
y sentir en la piel la lejanía
de la patria fecunda que nos hizo;

después de este periplo no es difícil
doblarse como un junco frente al viento,
ceder a la presión, pero ser firmes,

acoger poco a poco al enemigo
en nuestro dulce hogar, hecho de lanzas,
y darle finalmente un fuerte abrazo.

Teutoburgo (9 d.c.)

Oír EL CUERNO y recordar de pronto
los clanes de los pictos tras el muro,
el silbo de las hondas en Hispania,
las arenas de Libia, tan ardientes.

Cerrar los ojos. Muy dentro del pecho,
escuchar el latido acelerado
y barruntar, como una brisa interna,
lo que todo soldado ha presentido.

Que suene el cuerno pero oír la flauta
que endulzaba las tardes de triclinio.
Dónde quedan el foro, el Capitolio,
las tardes en las termas con Metelo.

Abrir los ojos. Contemplar el bosque
oscuro que se yergue frente al águila.
Ver el fuego brillando en la espesura.
Aferrarse al escudo y gritar Roma.

Covadonga (722)

Hasta aquí hemos llegado. Hasta esta cueva
donde unos pocos huimos de la muerte.
Una dura pared marca el final
de un camino que viene de muy lejos.

Afuera se reúnen las mesnadas
que nos han empujado desde el sur
y el estruendo del metal aterroriza
los rostros de los niños y mujeres.
Dentro vamos formando ya las filas,
apretamos los dientes y también
las cinchas de las placas de armadura.
Recogemos las lanzas y buscamos
en la cruz, en la talla de la virgen,
una tibia señal, una esperanza.

Desconozco el futuro. Desconozco
cómo la historia contará esta historia.
Solo cabe salir en algarada
todos juntos, en bravo borbotón,
como giro imparable de una rueda,
con cuatro brazos armados cada uno,
así, como si fuéramos el doble.
Con el viento del valor en las voces,
con el pulso del músculo tensado,
con la fuerza de haber tocado fondo.

Stamford Bridge (1066)

UN HOMBRE CAYÓ seco como caen los robles
bajo el hacha afilada de afilados mandobles
en el puente de Stamford.

Doce soldados más sucumbieron al vuelo
terrible del metal que los hundió en el suelo
en el puente de Stamford.

Otros veinte valientes acabaron su vida
y después otros treinta con sangrantes heridas
en el puente de Stamford.

De esta forma, hasta ochenta aguerridos guerreros
no cruzaron el puente con sus bravos aceros
en el puente de Stamford.

Un tremendo *berserker*, un gigante de hierro
protegía aquel paso sobre un río de entierros
en el puente de Stamford.

Era fuerte, una torre de fiereza y de brazos
como aspas que trazaban sus mortíferos trazos
en el puente de Stamford.

Allí luchó por horas, hasta entrada la tarde,
pero al más valeroso fue a vencerlo un cobarde
en el puente de Stamford.

Un taimado oponente decidió que las aguas
podrían más que el fuego y el metal de las fraguas
en el puente de Stamford.

Con un leño cruzó aquel río de penas
y atacó por la espalda, como atacan las hienas,
en el puente de Stamford.

Hundió su larga lanza en aquel gran costado
y segó aquel aliento que le hubiera segado
en el puente de Stamford.

Así, solo aquel hombre que buscó otro camino
distinto del valor reescribió su destino
en el puente de Stamford.

El asedio de Béziers (1209)

ESTÁN LAS CATAPULTAS, las minas, los arietes,
las piedras, el aceite, el puercoespín, el foso,
la afilada parábola de la lluvia de flechas,
las lanzas y las mazas, el fuego desbocado.

No sé si Dios podrá reconocer a nadie.

La caída de Constantinopla
(1453)

LA CIUDAD espera que algo suceda:
contiene el aliento, rumia despacio
el temor y la densa incertidumbre
de saber que son horas que preceden.

La gran urbe confía en Constantino
once y su fe, también en las murallas
y en esa gran cadena que protege
el estuario del paso de los barcos.

La joya del imperio bizantino,
mermado en estos tiempos a ser solo
una noble peonza de sí mismo,
presiente que con esto algo se acaba.

El ataque no olvida ningún flanco:
los barcos sobrepasan la cadena,
hay un nuevo cañón contra los muros
y el monarca combate por su vida.

A pesar de juntar varias naciones
empuñando la espada en la defensa
no es bastante el valor del individuo
cuando no hay nada más que lo existente.

La ciudad de Constantino es un cerco
de personas completamente solas.
Nadie viene en ayuda de un lugar
que pronto cambiará de nuevo el nombre.

Da igual el horizonte: nadie viene.
La luna va inundando las callejas;
las torres cantarán otras canciones;
el sol alumbrará tiempos distintos.

Al bramar sin descanso del cañón
que areniza, impasible, cuanto alcanza,
emerge el pensamiento de que siempre
hay potencias que ganan de la pérdida.

La noche triste (1520)

Al SALIR EL SOL en Tenochtitlán
volvieron a palacio los vigías
que enviaron ayer. Traían nuevas
de la noche, del ataque y de cómo
se había derrotado al enemigo.

Contaron la caída de Cortés
que perdió entre las sombras su montura;
hablaron de las aguas espumosas
por la sangre nocturna derramada
en la fría laguna de la huida
y del barro sembrado de cadáveres
de españoles caídos del caballo.

Los niños escuchaban asombrados
el amargo final de aquellos dioses

que sangraban como todos sangramos
y andaban, como todos, tras del oro.
También dijeron que se había visto
junto al tronco altivo de un ahuehuete
llorar a Hernán Cortés su desventura.

La alegría tomó color azteca.
Hubo risa y mezcal y danza y fuego
y brillo en los cuchillos de obsidiana.
La vida parecía ya resuelta
y lejos del final del calendario.

Tan solo hubo una anciana que, sentada,
mascullaba una pena inadvertida
cuando el resto saltaba de alborozo.
Si Malinche la hubiera traducido
a la lengua imperial del derrotado
habría transmitido un palpitar
distinto de los pechos del gentío:
«Temed al que llora lejos de casa.
Temed al que ha perdido. Temed siempre
las lágrimas de aquel que viste acero».

Alcazarquivir (1578)

No te asustes, mi rey,
no tengas miedo,
que otros dos reyes duermen
en el desierto.

Rey Sebastián,
las arenas te alejan
de Portugal.

El milagro de Empel (1585)

Sɪ ʜᴀʏ ǫᴜᴇ ᴄʀᴜᴢᴀʀ Europa caminando
desde el pétreo cerco de Zamora;
si hay que cuadrar el tercio en un islote
en medio de las gélidas corrientes;
si hay que acabar a pie con una flota
con lanzas y arcabuces contra quillas...

... cruzaremos Europa veinte veces
o tantas como sea necesario;
cerraremos en torno a la bandera
las filas erizadas de morriones;
marcharemos armados sobre el hielo
y arderán los mástiles y la nieve.

Blas de Lezo
en Cartagena de Indias (1741)

SE PUEDE HABER perdido una fiel pierna
al risrás de la sierra cirujana
y seguir patrullando los adarves
en busca de flaquezas en el muro
de esta nueva y preciada Cartagena.

Se puede haber perdido el ojo izquierdo
entre esquirlas agudas de madera
y seguir oteando el horizonte
con ayuda de lentes y latón
para ver si se acerca el enemigo.

Se puede haber perdido un fuerte brazo
cosido por las balas penetrantes

y seguir disponiendo la defensa
en líneas y polígonos que solo
la mente superpone sobre el mapa.

Aunque nunca es momento para el humo
de la pólvora, que todo lo destroza,
Cartagena se encuentra preparada
y los hombres aguardan lo inmediato
seguros de tener buen comandante.

No hacen falta más piernas si hay buen paso,
no hacen falta más ojos si hay destello,
no hacen falta más brazos si hay empuje.
Aunque zarpe hacia aquí toda Britania
no habrá visto jamás tanta entereza.

Napoleón en la nieve (1812)

QUÉ BLANCA está la nieve en la memoria
o cuando es solo puro pensamiento;
qué distinta al paso de los carros,
con barro en los armones y mil cuerpos
que quieren avanzar a duras penas
por las sendas heladas del invierno.
La nieve se hace tumba de caballos
de miradas perdidas y ojos yertos.
La sangre se ennegrece con el frío
y ensucia con su culpa los veneros
que discurren en vano por la tierra
sin poder irrigar campos y huertos.
El sol ya no calienta las casacas
como el sol de la esfinge, ni los vientos

traen las brumas frescas del diciembre
de Austerlitz. Los fornidos coraceros
no ven tan ventajosas las corazas
y sufren como sufre un prisionero
cargado con el peso calcinante
de la inútil soberbia de los hierros.
Recorre galopando la columna
el terco emperador con su gran sueño.
Las tropas le saludan a su trote
siempre fieles y firmes, pero menos
que aquellas que partieron hacia Rusia
y jamás volverán a ver el cielo.
Es este un agrio pase de revista
pues vuelven hacia casa como perros
hambrientos y vacíos, errabundos,
mermando a cada paso macilento.
El terco emperador piensa en mañana
cuando llegue a París sin sus ejércitos
No sabe todavía de las islas
que esperan custodiarle en el mar, lejos
del olor de la pólvora y del toque
de tambores que llaman al encuentro.

Su mente salta a veces a Versalles
y a los grandes salones del recuerdo
y piensa en Termidor y en Josefina
y en cómo se disuelven los imperios.

Davy Crockett en El Álamo (1836)

NO SE PUEDE EXPLORAR si no hay montañas
si no hay ríos ni bosques, si no hay lagos,
si no hay osos ni ciervos ni castores
ni caballos hermosos por la hierba.

No hay mucho que explorar en este fuerte
que no tiene más sombra que su nombre.
En él habita el polvo, en él se tuestan
los recuerdos de varias calaveras.

Aun así, me conozco sus rincones
y he hecho un mapa sobre una piel de búfalo.
Sé por dónde vendrán, dónde la brecha
será una herida donde existe un muro.

Ya comienzan los sones de la orquesta
militar que pretende agasajarnos.
Qué tremenda distancia hay en la música
con respecto al cañón. Y qué terrible.

Nos erguimos en pie, nos colocamos
sombreros y cananas. Mientras vienen
propondré con mi viejo violín
un baile frente al toque de degüello.

Little Bighorn (1876)

El CIEGO SOL se estrella en los galones
del general George Custer mientras trota
hacia el oeste. Va viendo taciturno
el humo que se eleva y algo advierte:
hay algo en las señales de las tribus
que no es lo que esperaba y no le gusta.
Le conozco muy bien y me imagino
lo que acecha detrás de aquellas lomas.
Le flanqueo en silencio y miro al cielo:
conmigo, el galopar de los valientes.

No sé si ese muchacho de Missouri
que cabalga a mi lado distraído
comprende el porvenir. No sé si sabe

hacia dónde nos llevan las espuelas.
No sé si se imagina, tan bisoño,
cómo van a chocar nuestras monturas,
cómo huele la sangre con la pólvora,
cómo van a arrancarnos el cabello.
Van a desjarretar nuestros caballos.
Van a hacer de las flechas un diluvio.
Nos van a eviscerar uno tras otro.
Puede que incluso nos lo merezcamos.

Miro alrededor. Hay otros jinetes
que también han leído el horizonte.
Cruzamos una mueca de fastidio
y arreamos las riendas de las horas.
Allá vamos, camino del recuerdo,
de una gloria de tinta, mas sin vida,
con las botas puestas, con los fusiles
cargados con el plomo más pesado.
El día está virando sus colores.
Ojalá la trompeta que ahora suena
callase y el deber fuera mañana
y lejos de estas últimas colinas.

Rorke's Drift (1879)

Si ALGÚN CUERVO, un marabú, un alimoche,
una milana, un buitre leonado
o algún quebrantahuesos no llegase
a tiempo al gran banquete de Isandhlwana,
podría disponer el mismo día
de una nueva ocasión para el convite.

Desde los altos círculos del vuelo
vería crepitar una llanura.
Sobre ella, por un lado, con sus lanzas,
van cuatro mil zulúes poderosos.
Llevan tintes de guerra y cicatrices
y escudos con las pieles abatidas
en la paz de los días de la caza.

Enfrente se atrincheran tenazmente,
con el miedo y la rabia abotonados,
ciento y pico fusiles de la reina,
en filas de casacas encarnadas
muy lejos de la brisa de las islas.

Las aves que el lugar sobrevolasen
en acecho animal de la carroña
y viesen a estos bandos en tal trance
los verían cantando sus canciones,
lanzándose metales asesinos,
entablando refriega cuerpo a cuerpo.
Los verían marchar y resistir
y —mientras— destrozarse y ser comida.
Unos obtendrán respeto en su aldea,
los otros lograrán cruces Victoria.

Si entendiesen las aves a los hombres,
en Rorke's Drift les oirían dirigirse
llamadas al honor en dos idiomas.

El almirante Cervera
sale de la bahía de Santiago (1879)

EL ALMIRANTE Cervera
con uniforme de gala
como un tigre de Bengala
mandó clavar la bandera
a su flota de madera
para salir de Santiago.
En Cuba, el último trago
sabe peor que el primero:
sabe a algo así como a acero,
como el final de un halago.

Afuera de la bahía
al almirante Cervera
le espera una flota entera

de metal y puntería.
Salía el sol aquel día
con seis naves españolas
surcando en fila las olas.
La proa va siempre al frente
aunque a veces el valiente
duerma con las caracolas.

De uno en uno, los barquitos
navegan hacia el futuro.
Les aguarda el lecho duro
del mar, que ahoga los gritos
de helados españolitos
que dan baratas sus vidas.
Son órdenes recibidas:
cuando se encuentran dos flotas
hay victorias y hay derrotas
y hay ocasiones perdidas.

Cervera lo había dicho:
«señores, llegó el momento
de servir el juramento

que otros usan a capricho.
El mar será nuestro nicho
y en el mar de las Antillas
solo obtendrán las astillas
de nuestras naves guerreras.
Aunque fueron las primeras
no verán otras orillas».

Luego, cada cañonazo
merma a España un marinero,
cada salva, un barco entero
que da a la muerte un abrazo.
La presa va sola al lazo
y la Historia se encabrita:
al que fuera imperio quita
el faro para la noche.
Cervera, sin un reproche,
va con el alma marchita.

Baler (1898)

Salimos. Dicen que somos los últimos
que quedan en las islas Filipinas.
Salimos de la iglesia, uniformados
con jirones similares y, al hombro,
del menor de nosotros la bandera.

Casi un año después de haber entrado
salimos en desfile silencioso
del templo que ha templado nuestros miembros
como un yunque feroz bajo el castigo
de las olas de asaltos incansables.

Ahora todo cesa. Cesó el fuego
como duro granizo de los días.

Los que eran enemigos nos flanquean
y escoltan nuestra marcha con honores.
Es raro caminar con su saludo.

Distingo entre sus rostros obedientes
caras que encañoné con mi mirilla
en las horas de guardia y campanario
reservando las balas para luego.
Los disparos debían ser seguros.

Manila nos recibe en una fiesta
y un barco nos espera engalanado.
Hay rumores de cruces laureadas
y el olvido se adueña de los muertos.
Qué extraña es muchas veces la derrota.

La tregua de Navidad (1914)

DONDE CABE un balón cabe una mina
y un obús donde cabe una guitarra.
Es posible parar un bombardeo
y jugar a las cartas sobre el barro.

Los hombres se sonríen e intercambian
historias expresadas torpemente
en la lengua del otro sin saberla
en lugar de tornar al tiroteo.

Al ocaso, los rostros se iluminan
por sentir en el cuerpo, como un triunfo,
la lumbre de encontrar junto a la hoguera,
en lugar de la ráfaga, un abrazo.

Mañana volverán los generales
al cauce de las órdenes severas,
pero hoy, por este día, lo valiente
habrá sido la paz entre los hombres.

El Somme (1916)

No TEMO la alambrada carnicera
de la tierra de nadie que, ondulante,
separa las trincheras de este campo.

Tampoco me preocupa el gas mostaza
que nos diezma a su paso silencioso
o que estén fusilando a los cobardes.

Ni la cruda metralla, ni las bombas,
ni el censo aterrador de los caídos
me lastran con el fango del desánimo.

Cuando suene el silbato manaremos
de los labios letales de este foso
bramando por usar la bayoneta.

Jamás seré rehén de la pregunta
de si ya es suficiente el sacrificio
porque esta guerra acabará con todas.

Dunkerque (1940)

En este buque van otros trescientos;
entre el vapor y el ferry, ciento siete;
en este cascarón caben ochenta;
en esos dos pesqueros, treinta y cinco;
aquella barca llevará a estos tres.

Que todo lo que flote salve un hombre.

La batalla de Inglaterra (1940)

Hay niños ahí abajo cuya vida
depende de que accione esta palanca,
de que pulse el gatillo o este resorte
en el justo momento necesario.

Las luces apagadas de las calles
de Londres volverán si inclino el morro
de mi avión tremolante justo ahora,
si luego giro rápido en el viento.

Asciendo como ascienden las tormentas,
a fuerza de motores y de hierro;
desciendo como bajan los martillos
al yunque, con un nazi en la cruceta.

Compruebo el combustible, miro el borde
de Dover y sus blancos farallones
respiro y me preparo. Allá, a lo lejos,
ya rugen las siguientes oleadas.

La suerte de la tierra está en el aire:
depende de las cúspides del humo,
de las sendas y escalas invisibles
que elevan nuestras alas quejumbrosas.

Lo ha dicho el señor Churchill por la radio
aspirando su puro: jamás antes
tantos seres humanos le han debido
tanto vuelo a tan pocos. Tanto al vuelo.

Normandía (1944)

Aunque el frente se encuentre dividido
por básicas razones estratégicas
(y asuntos de intendencia) en varias playas,
da igual Juno que Omaha, o Sword que Gold:
morimos los ingleses y franceses
como mueren aquellos que vinieron
de la joven y extensa Norteamérica.
Cae un sastre de Leeds mientras fallece
un chico de Quebec y otro de Houston.
Hay quien explota y hay quien es barrido
por ráfagas de balas aulladoras;
hay quien arde y quien, presa del espanto,
sabe ya que no verá otro paisaje
mientras llama a su madre y agoniza.

Sin embargo, avanzamos bajo el fuego.
Cada muerto es un paso necesario
hacia un París lejano todavía.
Para el triunfo hace falta un pavimento
de sangre, de sudor y muchas lágrimas.

Conseguimos dejar atrás las olas
teñidas con el rojo más preciado,
la moneda común de toda patria.
Cruzamos las arenas y las dunas,
tomamos cada búnker al asalto
y abatimos en tromba aquellos bultos
sin rostro que escupían tanto infierno.
Tendemos sobre cada contingencia
un puente hecho de arrojo y cuerpos yertos.

Desde todas las playas programadas
y también desde el cielo conquistado
llegan, llueven, como una lluvia fértil,
hombres y más hombres con el semblante
de haber visto de cerca el gran vacío.

Otros tantos, helados, pertenecen
al lodo y a las trizas funerales.

Diversas son las frágiles maneras
de morir y luchar contra la muerte.
Diverso es sucumbir, diverso el logro
de avanzar por el verde albor de Francia.
Nunca hubo tal unión en lo distinto:
a todos nos iguala la crudeza
de ser carne que corre hacia la fosa,
mas también el valor y la esperanza
de poder enviar unas postales
con sellos de Berlín junto al remite.

Los botones perdidos

ALLÍ ESTÁN, en las playas, junto a las conchas,
junto al vaivén de las olas y la arena,
en el fondo de acequias y de canales,
en los pasos abruptos de las montañas.

Cuando hacemos un castillo junto al mar,
cuando damos un paseo por el campo,
cuando vamos por el monte en bicicleta
podemos encontrarlos, como un destello.

Allí están por los surcos, entre los trigos,
por las sendas de las costas neblinosas,
a lo largo de los términos del mundo,
los botones perdidos de los soldados.

[Notas históricas]

Las Termópilas (480 a.C.)

FRENTE A LA INVASIÓN del ejército persa del rey Jerjes I, una alianza de ejércitos griegos fue a plantar resistencia en un paso que —en principio— ofrecía un terreno fácil de defender: las Termópilas. Sin embargo, según la tradición, un traidor llamado Efialtes descubrió a las fuerzas invasoras un sendero por el que podrían rodear al contingente griego. Ante tal circunstancia, el rey espartano Leónidas decidió quedarse a defender el paso con un grupo de trescientos espartanos y unos cientos de soldados auxiliares, dejando que el resto de combatientes griegos se retirase.

El carácter espartano, bravucón y esforzado, quedó plasmado en no pocas anécdotas concretas que adornan el relato de la batalla de las Termópilas, que acabó con la muerte de los defensores.

Estos, sin embargo, retrasaron a los persas durante un valioso tiempo que sirvió a Atenas para tomar el liderazgo de la siguiente línea de defensa, que llevó a la alianza griega a las victorias de Salamina y de Platea.

Gaugamela (331 a.C.)

DENTRO DE LAS GRANDES BATALLAS protagonizadas por Alejandro Magno y su ejército en sus conquistas hacia el este (Isos, el río Gránico, la toma de Tiro, el río Hydaspes...), la batalla de Gaugamela se erige como una de las más icónicas, ya que en ella desplegó todo su potencial la táctica «del yunque y el martillo» en la que la caballería (el martillo) rodeaba un flanco del enemigo y lo empujaba hacia la sólida falange de la infantería (el yunque).

Como resultado, el rey Darío III tuvo que huir vergonzosamente de una derrota de la que no se recuperó ni militar ni políticamente. El jerarca persa fue asesinado por los suyos poco después y Alejandro reforzó su liderazgo ante un ejército que le seguiría hasta las orillas del Ganges.

Aníbal en Cannas (216 a.C.)

LA BATALLA DE CANNAS ha pasado a la historia como uno de los grandes desastres militares del mundo antiguo. El caudillo cartaginés Aníbal había mostrado una audacia sin precedentes que le llevó a invadir —contra todo pronóstico— la península itálica, por la que anduvo merodeando y saqueando largo tiempo, ganando varios enfrentamientos contra las legiones romanas, como los de Tesino, Trebia y Trasimeno.

Para mantener su ejército tanto tiempo en tierra ajena, necesitaba de un pillaje continuo. En sus andanzas por el sur de Italia, se enfrentó de nuevo a las tropas romanas en Cannas, poniendo en marcha una estrategia magistral que consistió —básicamente— en aguantar la presión de las legiones e ir retrasando el centro de su cuerpo de combate para incitar al enemigo a avanzar e internarse en un movimiento envolvente de los flancos cartagineses.

En todo momento, Aníbal se demostró capaz de grandes sacrificios y tenaz en su determinación, aunque nunca pudo realizar un asedio a la propia Roma, lo que a la postre permitiría a la potencia itálica armar un contraataque y llevar la guerra a otros territorios hasta la derrota final de Cartago.

Teutoburgo (9 d.C.)

JUNTO CON CANNAS, Teutoburgo pasa por ser una de las derrotas más conocidas de los ejércitos romanos.

Un conglomerado de clanes germánicos tendieron una emboscada en la espesura de una floresta al contingente liderado por el *legatus* Publio Quintilio Varo. Las tropas romanas, que avanzaban en columna, fueron presa de ese ataque inesperado y sucumbieron a él. Se dice que hasta tres legiones fueron exterminadas aquel día junto a sus tropas auxiliares.

Covadonga (722)

ONCE AÑOS DESPUÉS de la derrota de las tropas cristianas en Guadalete, Covadonga supuso (junto con la batalla de Poitiers, en el 732) la estabilización del avance islámico en la península ibérica y el comienzo del largo proceso histórico denominado «reconquista».

Independientemente de la magnitud real que tuviera el enfrentamiento (para algunos, una escaramuza; para otros, una verdadera batalla) lo cierto es que este hecho histórico figura en el imaginario colectivo como uno de los símbolos de la resistencia frente a las fuerzas invasoras y del cambio de tornas en la ocupación del territorio y la conformación progresiva de los distintos reinos cristianos de la Edad Media española.

Stamford Bridge (1066)

SI EL ASALTO A LA ABADÍA de Lindisfarne en el 793 puede ser considerado el comienzo del apogeo del pueblo vikingo, la batalla de Stamford Bridge suele considerarse el punto final de su hegemonía. En ella, las fuerzas de Harald III de Noruega se enfrentaron a las tropas combinadas de los reinos de las tierras medias de la actual Inglaterra. La victoria local fue pírrica, puesto que las tropas inglesas quedaron notablemente debilitadas y serían derrotadas en Hastings menos de un mes después, en este caso por la invasión normanda.

Independientemente de ello, la batalla se hizo famosa por un episodio concreto, en el que un guerrero vikingo de gran tamaño, un *berserker*, sin armadura y armado con un hacha, defendió en solitario el paso de un puente estratégico. Aguantó los ataques contrarios durante dos horas, en las que llegó a dar muerte a ochenta guerreros enemigos, hasta que un soldado inglés, que había logrado pasar el río a nado ayudado por un tronco, pudo acercársele por la espalda y matarlo con su lanza.

El asedio de Béziers (1209)

LOS CONFLICTOS BÉLICOS se han entremezclado no pocas veces con motivos religiosos. En el marco de la denominada «cruzada albigense», declarada por el papa Inocencio III contra los cátaros, la ciudad de Béziers fue sitiada por las tropas de Arnaldo Amalric, de la orden del Císter. En la ciudad había cátaros, pero también católicos a los que no se les podía atribuir herejía alguna. Cuando las tropas papales iban a entrar a sangre y fuego en la ciudad y, ante la pregunta de cómo proceder con la población, se dice que Amalric pronunció la famosa cita que se le atribuye desde entonces: «¡Matadlos a todos: Dios reconocerá a los suyos!».

La caída de Constantinopla (1453)

SI LA CAÍDA DE ROMA marcó el comienzo de la Edad Media, la caída de la segunda Roma, Bizancio —rebautizada como Constantinopla—, significaría el final de la misma, el impulso del Renacimiento y el comienzo de la Edad Moderna.

Para 1453 el Imperio bizantino había quedado reducido en la práctica a los propios límites de la ciudad, situada en un punto estratégico entre Europa y Asia. La urbe estaba en el punto de mira de un imperio en expansión, el otomano, que puso todo su potencial militar al servicio del asedio. Con tal fin, y aparte del despliegue de tropas, trasladó barcos por tierra desde el Bósforo para salvar las cadenas que protegían el cuerno de oro, el magnífico estuario que flanqueaba el núcleo urbano principal por el este; y también forjó cañones especiales de gran tamaño para poder destruir las murallas de Teodosio.

Bizancio era un hervidero internacional y en la defensa de la ciudad participaron algunos venecianos, genoveses, griegos, catalanes... Sin embargo, la ciudad no recibió la ayuda esperada por parte del resto de occidente y acabó sucumbiendo al ataque de Mehmed II. Se dice que el último emperador bizantino, Constantino XI Paleólogo, espada en mano, perdió la vida en la defensa del enclave sin que se pudiera encontrar su cuerpo.

La noche triste (1520)

HERNÁN CORTÉS tuvo que abandonar la ciudad de Tenochtitlán —origen de la actual Ciudad de México— para hacer frente a Pánfilo de Narváez, que iba en su busca y captura, ya que Cortés había iniciado su incursión en México sin el permiso del gobernador de Cuba. El conquistador había dejado la ciudad a cargo de Pedro de Alvarado, que custodiaba al rey azteca, Moctezuma II. Las noticias de que una rebelión podía estar fraguándose llevaron a Pedro de Alvarado a ejercer una represión preventiva entre la nobleza local que condujo a un descontento aún mayor, puesto que las élites locales empezaron a acusar abiertamente a Moctezuma II de colaboracionismo.

En ese clima de hostilidad, Cortés, que ya había retornado de su enfrentamiento con Pánfilo de Narváez, decidió retirar de forma discreta sus fuerzas de la ciudad, para lo cual eligió la noche del 30 de junio de 1520. La huida fue un desastre, ya que fue advertida por los rebeldes, que procedieron a dar caza a las tropas españolas y a todo el séquito acompañante. Se dice que la mortandad fue tal que Hernán Cortés prorrumpió en lágrimas junto al tronco de un ejemplar del árbol nacional de México, el ahuehuete, antes de retirarse para reorganizar sus filas y volver sobre Tenochtitlán al cabo de un año para conquistarla definitivamente.

Alcazarquivir (1578)

LA BATALLA de Alcazarquivir es conocida también como «la batalla de los tres reyes», puesto que en ella se enfrentaron tres monarcas cerca de la población africana que dio nombre a la contienda: Sebastián I de Portugal, Abu Marwan Al-Mali y Muhammad Al-Mutawakil, sultanes de Marruecos. Los tres caudillos perdieron la vida en la refriega.

Para Portugal, la derrota supuso una conmoción nacional y dio origen a la leyenda de que el rey Sebastián regresaría en algún momento de entre los muertos para volver a regir los destinos de la nación y mejorar su futuro.

El milagro de Empel (1585)

EL EPISODIO CONOCIDO como «milagro de Empel» sucedió durante la batalla del mismo nombre durante la guerra de los ochenta años, que enfrentó a España con los Países Bajos. En este episodio, el tercio viejo de Zamora había quedado rodeado por las fuerzas enemigas en una isla situada entre dos ríos, totalmente cercada por una flota de embarcaciones diversas.

Una vez rechazada la posibilidad de rendirse, el tercio comenzó los preparativos para una última resistencia. La tradición dice que un soldado, excavando una trinchera, encontró una tabla pintada con la imagen de la virgen, que el tercio decidió procesionar con fervor.

Durante la noche, hizo tanto frío que las aguas que los circundaban se congelaron. El tercio formó entonces en orden de batalla y atacó a pie la flota que los tenía asediados, varada como estaba entre los hielos. Así, el maltrecho contingente español se hizo con el control total de la batalla, y capturó o incendió el total de las embarcaciones enemigas.

Blas de Lezo en Cartagena de Indias (1741)

BLAS DE LEZO Y OLAVARRIETA fue un militar español que, debido a sus múltiples lesiones de guerra (fue perdiendo sucesivamente una pierna, un ojo y un brazo), llegó a ser conocido como «medio hombre», en una muestra de humor negro que contrastaba con sus grandes dotes de soldado, marino y estratega.

Su gesta más reconocida fue la defensa de Cartagena de Indias, en la que rechazó un ataque inglés llevado a cabo por una flota de casi doscientos barcos y treinta mil soldados, comandados por el almirante Vernon. El marino español, por su parte, contaba tan solo con seis barcos y tres mil hombres, pero su minuciosa planificación y uso de las fortificaciones le llevó a la victoria y a la destrucción de buena parte del ejército enemigo.

Los ingleses, seguros de su victoria, habían incluso acuñado una moneda conmemorativa de un triunfo que no llegó a producirse. Blas de Lezo, en una muestra añadida de carácter dirigió estas palabras al rey Jorge II: «Para venir a Cartagena es necesario que el rey de Inglaterra construya otra escuadra, porque esta solo ha quedado para conducir carbón de Irlanda a Londres».

Napoleón en la nieve (1812)

LA CAMPAÑA DE RUSIA fue un auténtico desastre para las ansias expansionistas de Napoleón, que se internó en el país con más de seiscientos cincuenta mil hombres y llegó hasta un Moscú vacío y pasto de las llamas. El retorno fue un auténtico calvario para las tropas, que fueron disminuyendo dramáticamente, presas del frío del invierno, el hambre y las escaramuzas. Tan solo algo menos de sesenta mil soldados consiguieron regresar, lo que significó el fin de la *Grande Armée* y acabaría llevando al emperador a su primer exilio, en la isla de Elba.

Davy Crockett en El Álamo (1836)

EN EL CONTEXTO de la revolución de Texas, en la que el actual estado norteamericano quiso independizarse de México, la misión de san Antonio de Valero, conocida como «El Álamo», fue sitiada por un contingente del ejército mexicano. Entre los defensores del enclave figuraba el famoso explorador Davy Crockett, famoso por su vida aventurera y su dimensión pública, que lo había llevado a ser congresista por Tennessee.

El asedio fue duro y se prolongó durante trece días. Tras repeler los primeros ataques, el presidente mexicano Antonio López de Santa Anna ordenó el toque de «a degüello», por el cual negaba cualquier posible cuartel a los oponentes. Se dice que Crockett, para insuflar moral entre los todavía supervivientes, tocó su violín mientras la banda del ejército contrario emitía sus funestas notas antes del asalto final, en el que perdieron la vida todos los insurgentes, bien durante el combate, bien en la serie de ejecuciones que se sucedieron justo después.

Little Bighorn (1876)

EN EL PARAJE de Little Bighorn, en el estado de Montana, se reunieron los contingentes de una gran liga amerindia, formada por las tribus Lakota, Cheyenne y Arapahoe, en el contexto de la guerra de Black Hills, mantenida entre estas tribus y el gobierno de los Estados Unidos. Para enfrentarse a esta coalición, se envió al famoso 7º de Caballería, bajo el mando del no menos famoso general George Amstrong Custer, célebre por su desempeño en la guerra de secesión y en los enfrentamientos que hasta entonces habían tenido lugar en los varios años de las «guerras indias» que precedieron a la batalla de Little Bighorn.

Bien sea por la premura en llegar al lugar designado lo antes posible —quizá para evitar una mejor organización del oponente—, bien sea por un exceso de confianza en la propia capacidad militar, no exenta de cierta arrogancia, lo cierto es que el regimiento de caballería estadounidense partió sin los mejores pertrechos, con una munición insuficiente e incluso con los sables embalados. Todo ello, unido al gran número de oponentes que les esperaba y a la gran resolución de los mismos, devino en una gran derrota para Custer, que solo pudo intentar resistir, pie en tierra, hasta la completa aniquilación de sus filas. Tanto él como dos de sus hermanos perdieron la vida en aquel lugar.

Rorke's Drift (1879)

LA GUERRA ANGLO-ZULÚ fue un conflicto derivado de la expansión colonialista del imperio británico en tierras africanas. Aunque se saldó con una victoria final de este en la batalla de Ulundi, en el mismo año, hubo una serie de encuentros previos en los que las fuerzas zulúes pusieron en un duro aprieto a los «casacas rojas». Más concretamente, la batalla de Isandhlwana fue una derrota sin paliativos para el ejército de Su Graciosa Majestad.

Poco después de esa masacre, entre tres y cuatro mil zulúes cercaron una guarnición de unos ciento cincuenta británicos en la misión de Rorke's Drift. Pero allí el resultado sería distinto. A pesar de lo desigual de las fuerzas en combate, los defensores de la pequeña posición aguantaron los ataques durante dos días, al cabo de los cuales los atacantes, que habían sufrido numerosas pérdidas, decidieron desistir y reagruparse en otro lugar para concentrarse en otros objetivos.

La defensa de Rorke's Drift pronto fue conocida y admirada por todos, y un nutrido grupo de soldados británicos fue condecorado con la cruz Victoria, el más alto galardón militar de su nación.

El almirante Cervera sale de la bahía de Santiago (1898)

EN 1898, EL HUNDIMIENTO del Maine, a causa de un sabotaje interesado, provocó la guerra entre España y los Estados Unidos de América, que tenían intereses en el control de la isla y de las aguas del Caribe. Uno de los episodios de dicho conflicto fue el bloqueo de la bahía de Santiago de Cuba, en cuyo puerto se encontraba parte de la flota española, compuesta por barcos de madera, tecnológicamente muy inferiores a la flota estadounidense, que contaba ya con modernos barcos metálicos.

Al mando de dicha flota se encontraba el almirante Pascual Cervera y Topete que, ante la próxima entrada de las tropas enemigas en Santiago de Cuba, recibió la orden de sacar de allí los barcos españoles, a pesar del bloqueo que les esperaba. Cervera no compartía el criterio de dichas órdenes y en ellas solo veía el desastre, pero las acató sin remilgos. Se dice que reunió a sus hombres y les dijo: «Ha llegado el momento solemne de lanzarse a la pelea. Así nos lo exige el sagrado nombre de España. [...] El enemigo codicia nuestros viejos y gloriosos cascos. Para ello ha enviado contra nosotros todo el poderío de su joven escuadra. Pero solo las astillas de nuestras naves podrá tomar [...]. El enemigo nos aventaja en fuerzas, pero no nos iguala en valor».

Tras ello, mandó clavar las banderas en sus mástiles para que no hubiera posibilidad de rendición y dirigió la salida de todos los navíos españoles, ordenados en línea de a uno, hacia su destino final.

Baler (1898)

LA PÉRDIDA DE CUBA para España coincidió también con la pérdida de las otras colonias de ultramar: las islas Filipinas. En los combates que se sucedieron durante la insurrección que llevó a dicha pérdida, un destacamento español quedó aislado en la iglesia de la localidad de Baler. Allí resistió un asedio que duró trescientos treinta y siete días, más allá de la duración de la propia guerra de independencia filipina.

Los sitiados no tenían noticia de que España había rendido ya el territorio por el que ellos seguían luchando en medio de grandes privaciones. Finalmente, el gobierno filipino pudo convencerles de que la guerra había terminado gracias a la mediación del teniente coronel Aguilar, militar español que viajó a entrevistarse con ellos para terminar con dicha situación. Aunque dicho oficial no logró convencerles (llegaron a pensar que era alguien de parte del gobierno filipino), la lectura de un fajo de periódicos que les dejó con noticias que evidenciaban el fin de la guerra acabó propiciando una rendición honrosa.

Al destacamento se le permitió conservar la bandera y fue escoltado con honores en su salida de la iglesia. Luego se embarcó a los supervivientes del asedio hacia España, donde fueron recibidos con diversas condecoraciones.

Todavía hoy el ejército y el gobierno filipinos conmemoran con una ceremonia anual el valor de aquellos soldados contra los que se enfrentaron tanto tiempo.

La tregua de Navidad (1914)

A LOS POCOS MESES de comenzar la I Guerra Mundial y cuando ya había un primer planteamiento de la guerra de trincheras, que tanto se alargaría después, una serie de ceses informales de las hostilidades recorrieron diversos lugares del frente, sobre todo en las vísperas de Navidad.

Durante aquella Nochebuena, en determinados puntos de las líneas fortificadas, los ejércitos enfrentados abandonaron las trincheras y se encontraron en la «tierra de nadie» que mediaba entre ambas posiciones. Allí los soldados pudieron disfrutar durante unas horas de una charla distendida y de un intercambio ocasional de bienes y de recuerdos personales con el ejército contrario: cigarrillos, chocolate, postales, botones de uniforme... Al parecer también se improvisaron conjuntos corales para interpretar canciones y se celebraron algunos partidos de fútbol.

Al día siguiente todos volverían a intentar matarse entre sí. En los años sucesivos que duró la guerra, no se volverían a producir este tipo de hechos, puesto que no solo los enfrentamientos se fueron recrudeciendo, sino que los mandos militares tomaron cartas en el asunto para que no se repitiese una situación que socavaba claramente el planteamiento bélico.

El Somme (1916)

LA I GUERRA MUNDIAL iba a ser «la guerra que acabaría con todas las guerras». Sin embargo, no solo quedó lejos de ser así, sino que en ella se desplegarían formas de destrucción nunca antes vistas.

Una de las estampas más icónicas de aquella contienda global fue la guerra de trincheras, muchas veces estancada por largo tiempo, mientras que en otras ocasiones fue escenario de encarnizados combates. Más concretamente, el primer día de la batalla del Somme fue uno de los más luctuosos de la historia de la humanidad, con casi veinte mil bajas mortales contabilizadas en esa jornada.

La crueldad de dicha estampa contrasta terriblemente con el entusiasmo con el que muchos soldados encaraban su participación en el conflicto, imbuido de sentimientos patrióticos más propios de las guerras decimonónicas pasadas y totalmente ajenos a lo que iban a encontrarse.

Dunkerque (1940)

ANTE EL AVANCE de las tropas nazis sobre Europa, los efectivos militares ingleses en el continente necesitaron ser evacuados para evitar su aniquilación o eventual captura por parte de las fuerzas del eje.

El punto de reunión para abandonar el continente hacia las islas británicas fue la población francesa de Dunkerque. Allí se organizó una evacuación masiva por mar mientras los soldados eran acosados cada vez más por el ejército enemigo, cada vez más cerca, así como por los aviones de la Luftwaffe.

Puesto que los barcos militares eran insuficientes para realizar la extracción de más de trescientos mil soldados que esperaban su turno para iniciar la travesía de retirada, se hizo un llamamiento a que cualquier navío participase de forma voluntaria en ayuda del ejército atrapado en Francia. Varios cientos de embarcaciones civiles de todo tipo realizaron la peligrosa travesía y salvaron a esos miles de combatientes que luego pudieron reorganizarse en la reconquista de Europa por parte de las potencias aliadas.

La batalla de Inglaterra (1940)

EN SU INTENTO por establecer la supremacía bélica en el teatro de operaciones occidental, Adolf Hitler lanzó una fuerte ofensiva aérea sobre el Reino Unido con el fin de propiciar una posterior invasión del suelo británico, una vez que tuviera el control del espacio aéreo del mismo y que los bombardeos hubieran ablandado las defensas de las islas. Frente a él, la Royal Air Force planteó una tenaz batalla en los cielos, primero como medida defensiva y —progresivamente— como un movimiento ofensivo más allá del canal.

Como una de las mejores descripciones del significado de esta batalla, quedó para la historia la famosa cita de Winston Churchill: «Nunca tantos debieron tanto a tan pocos».

Normandía (1944)

MUCHAS COSAS CULMINARON en las playas de Normandía, y muchas otras se pusieron en marcha aquel 6 de junio de 1944. Efectivamente, el llamado día «D» fue el resultado de una cuidadosa planificación estratégica sobre la que sobrevolaron también numerosas acciones de espionaje y contraespionaje.

La tarea de recuperar los territorios europeos ocupados por Hitler y revertir el curso de la II Guerra Mundial tuvo en Normandía su punto álgido. Si las tareas preparatorias se diseñaron en despachos y en salas de juntas, la ejecución y el desarrollo de las mismas exigieron el valor y la entrega personal de cientos de miles de soldados, que fueron ganando terreno desde el desembarco hasta llegar —primero— a la liberación de París y —más tarde— a las mismísimas puertas de la capital de Alemania.

Esta primera edición
en LOS VERSOS DE CORDELIA de
EL CORAJE
se acabó de imprimir
en el verano de 2025

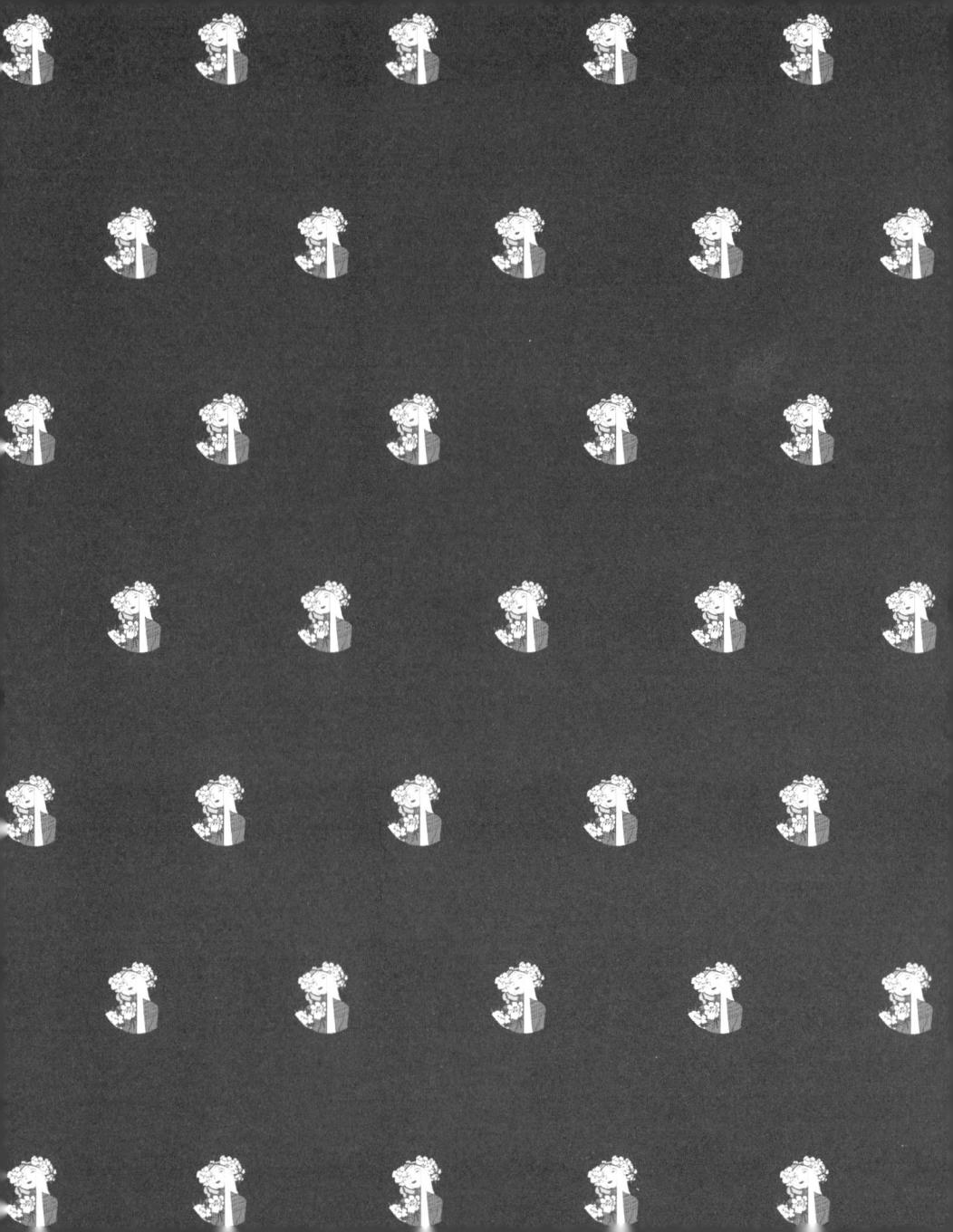